I AM A
FLORIST

CUT GREEN

JN378900

- 독일 IHK Florist Meister
- 서울시립대학교 이학석사
- 前) 방식꽃예술원 팀장
- 現) 백석문화대학교 화훼플로리스트과 교수
- 現) Pottery_Langsam 대표

저서
- I AM A FLORIST – CUT FLOWER (2013)
- I AM A FLORIST – CUT GREEN (2015)
- I AM A FLORIST – CUT FLOWER 개정판 (2017)
- I AM A FLORIST – CUT GREEN 개정판 (2020)

i_am_a_florist

꽃은 플로리스트에게 단순한 식물이 아닙니다. 그것은 감정과 이야기를 전달하는
언어입니다. 그러나 교육 현장, 화훼 시장, 재배지에서 통용되는 국명과 학명의
불일치는 초보 플로리스트였던 저에게 많은 어려움을 안겨주었습니다.
이러한 경험은 꽃의 이름을 정확히 아는 것이 얼마나 중요한지 깨닫게 했습니다.
그래서 저는 국내와 해외를 두루 다니며 기록하고 정리했습니다.

자꾸 보고 또 봅니다.
익숙해지는 듯 하다가도 자세히 보면 이내 새롭습니다.
그렇게 해서 'I AM A FLORIST' 시리즈의 두 권의 식물도감을 만들었습니다.

'I AM A FLORIST' 시리즈의 식물도감 두 권은 플로리스트들에게
언어 사전과도 같은 역할을 할 것입니다. 시대가 변함에 따라
꽃 시장과 트렌드도 변화합니다. 이 개정판은 최신 정보를 반영하여,
플로리스트들이 항상 최신 정보를 얻을 수 있도록 만들었습니다.
이를 위해 학명, 국명, 식물 사진, 세부 정보 등 필요한 정보를
포괄적으로 담아 제작하였습니다.

이 식물도감은 바른 정보를 얻을 수 있도록 도움을 주며,
전 세계의 플로리스트들과 협업할 때 언어의 일치로 소통이 수월해지는 데에도
기여할 것입니다. 이 책은 플로리스트를 꿈꾸는 이들뿐만 아니라 현업에 종사하는
모든 전문 플로리스트들에게도 유용한 지침서가 되리라 기대합니다.
여러분이 이 책을 통해 더 많은 영감을 얻고, 더 나은 작품을 만들어내길 바랍니다.

개정판을 출간하기까지 도움을 주신 모든 분들께 깊은 감사의 인사를 드립니다.
표지 디자인과 지도에 도움을 주신 방식 회장님, 원고 감수에 도움을 주신
서울시립대학교 환경원예학과 김완순 교수님,
국립순천대학교 산림자원·조경학부 박석곤 교수님께 감사드립니다.

'I AM A FLORIST'를 시작합니다!

>>> 이 책의 구성

소재사진
화재의 전체 형태를
실어 식별하도록 하였다.

식물명의 알파벳순
식물의 배열 순서는
알파벳순으로
나열하였다.

Cornaceae 층층나무과

과명
생물학적 분류 중
'과'를 표기하였다.

학명
라틴어로 표기하였고
속명, 종소명, 명명자,
변종명, 품종명을
붙여 표기하였다.

식물명, 유통명⑩
식물명은 학명이나 국명,
그룹명을 표기하였다.
유통명은 시장에 유통되는
이름을 표기하였다.

Cornus kousa
산딸나무

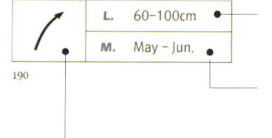

| L. | 60-100cm |
| M. | May - Jun. |

유통길이
절화 시장에서 유통되는 평균치

유통시기
절화 시장에서 판매되는 시기

생장과 운동 형태
식물 전체나 일부의 성격

세부사진
접사 촬영한 사진

① Detail
② Flower
③ Leaf
④ Stem / Trunk

생장과 운동 형태

↑	위로 쭉쭉 뻗어 자라는 형태
♀	위로 뻗으며 끝이 둥근 형태
↗	휘어지는 형태
⌐	위로 쭉쭉 뻗으며 가지나 꽃들이 한쪽 방향으로 뻗는 형태
✣	끝에서 가지나 꽃들이 모든 방향으로 뻗는 형태
↓↶	아래로 떨어지는 형태

↘	앞쪽에서 뒤로 전진하는 형태
→	측면으로 뻗어가고 평평하게 늪혀진 형태
⊥	파열적 형태
⌇	유희적 형태
↑↗↘	중심에서 뻗어 나가는 형태
◎	바닥에 기거나 옹기종기 모여사는 형태

〉〉〉 과명

Actinidiaceae	다래나무과
Adoxaceae	연복초과
Amaranthaceae	비름과
Amaryllidaceae	수선화과
Anacardiaceae	옻나무과
Apiaceae	미나리과
Apocynaceae	협죽도과
Aquifoliaceae	감탕나무과
Araceae	천남성과
Araliaceae	두릅나무과
Arecaceae	종려과
Asparagaceae	아스파라거스과
Asphodelaceae	아스포델루스아과
Aspleniaceae	꼬리고사리과
Asteraceae	국화과
Berberidaceae	매자나무과
Betulaceae	자작나무과
Brassicaceae	십자화과
Bromeliaceae	파인애플과
Bruniaceae	브루니아과
Buxaceae	회양목과
Cannabaceae	삼과
Caprifoliaceae	인동과
Celastraceae	노박덩굴과
Chloranthaceae	홀아비꽃대과
Cornaceae	층층나무과

〉〉〉 과명

Cucurbitaceae	박과
Cunoniaceae	쿠로니아과
Cupressaceae	측백나무과
Cycadaceae	소철과
Cyperaceae	사초과
Daphniphyllaceae	굴거리나무과
Diapensiaceae	돌매화나무과
Dicksoniaceae	딕소니아과
Dioscoreaceae	마과
Dryopteridaceae	면마과
Elaeagnaceae	보리수나무과
Equisetaceae	속새과
Ericaceae	진달래과
Euphorbiaceae	대극과
Fabaceae	콩과
Fagaceae	참나무과
Geraniaceae	쥐손이풀과
Gleicheniaceae	풀고사리과
Hydrangeaceae	수국과
Hypericaceae	물레나물과
Hypnaceae	털깃털이끼과
Juncaceae	골풀과
Lamiaceae	꿀풀과
Laminariaceae	다시마과
Lardizabalaceae	으름덩굴과
Lauraceae	녹나무과

〉〉〉 과명

Leucobryaceae	흰털이끼과
Magnoliaceae	목련과
Malvaceae	아욱과
Marantaceae	마란타과
Melanthiaceae	여로과
Moraceae	뽕나무과
Myricaceae	소귀나무과
Myrsinaceae	자금우과
Myrtaceae	도금양과
Nelumbonaceae	연꽃과
Nephrolepidaceae	줄고사리과
Oleaceae	물푸레나무과
Osmundaceae	고비과
Papaveraceae	양귀비과
Parmeliaceae	석화과
Phytolaccaceae	자리공과
Pinaceae	소나무과
Pittosporaceae	돈나무과
Poaceae	벼과
Podocarpaceae	나한송과
Polygonaceae	마디풀과
Polypodiaceae	고란초과
Proteaceae	프로테아과
Ranunculaceae	미나리아재비과
Restionaceae	레스티오과
Rhamnaceae	갈매나무과

〉〉〉 과명

Rosaceae	장미과
Rubiaceae	꼭두서니과
Rutaceae	운향과
Salicaceae	버드나무과
Santalaceae	단향과
Sapindaceae	무환자나무과
Saxifragaceae	범의귀과
Smilacaceae	청미래덩굴과
Solanaceae	가지과
Strelitziaceae	극락조화과
Symplocaceae	노린재나무과
Tamaricaceae	위성류과
Taxaceae	주목과
Theaceae	차나무과
Thymelaeaceae	팥꽃나무과
Typhaceae	부들과
Ulmaceae	느릅나무과
Vitaceae	포도과

Caprifoliaceae 인동과

Abelia × *grandiflora*
꽃댕강나무, 미선나무㈜

	L.	50-100cm
	M.	May – Jun.

Abeliophyllum distichum
미선나무

L.	50-80cm
M.	Apr. - May

Abelmoschus esculentus
오크라

↑	L.	50-80cm
	M.	Jul. - Aug.

Pinaceae 소나무과

Abies holophylla
전나무

	L.	50-80cm
	M.	Nov. - Jan.

Pinaceae 소나무과

Abies koreana

구상나무

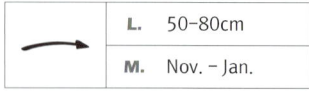

L.	50-80cm
M.	Nov. - Jan.

21

Abutilon theophrasti
어저귀

↑	L.	50-80cm
	M.	Aug. - Oct.

Acacia 'Clair de Lune'
문라이트 아카시아

	L.	30-50cm
	M.	Nov. - Feb.

Acacia 'Denis Boden'
데니스보덴 아카시아

	L.	30-50cm
	M.	Nov. - Feb.

A

Fabaceae 콩과

Acacia 'Turner'
터너 아카시아

	L.	30-50cm
	M.	Nov. – Feb.

Acacia 'Turner'

터너 아카시아

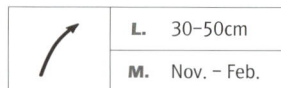

L.	30–50cm
M.	Nov. – Feb.

Acacia baileyana
은엽 아카시아(꽃)

	L.	30-50cm
	M.	Dec. – Apr.

Fabaceae 콩과

Acacia baileyana
은엽 아카시아(잎)

	L.	30-50cm
	M.	Nov. - Oct.

Fabaceae 콩과

Acacia cultriformis
삼각잎 아카시아

	L.	30-50cm
	M.	Jul. - Oct.

Fabaceae 콩과

Acacia dealbata
디얼바타 아카시아

L.	30-50cm
M.	Nov. - Feb

Acacia dealbata
디얼바타 아카시아

	L.	30-50cm
	M.	Jan. - Mar.

Acacia floribunda
플로리분다 아카시아

	L.	30-50cm
	M.	Nov. – Feb.

Acacia pycnantha
골든와틀리 아카시아

	L.	30–50cm
	M.	Nov. – Feb.

Myrtaceae 도금양과

Acca sellowiana

페이조아, 파인애플 구아바㎡

L.	40-60cm
M.	Jul. - Oct.

Sapindaceae 무환자나무과

Acer pictum subsp. *mono*
고로쇠나무

	L.	50–80cm
	M.	Dec. – Apr.

Actinidiaceae 다래나무과

Actinidia arguta
다래

	L.	80-200cm
	M.	1Year

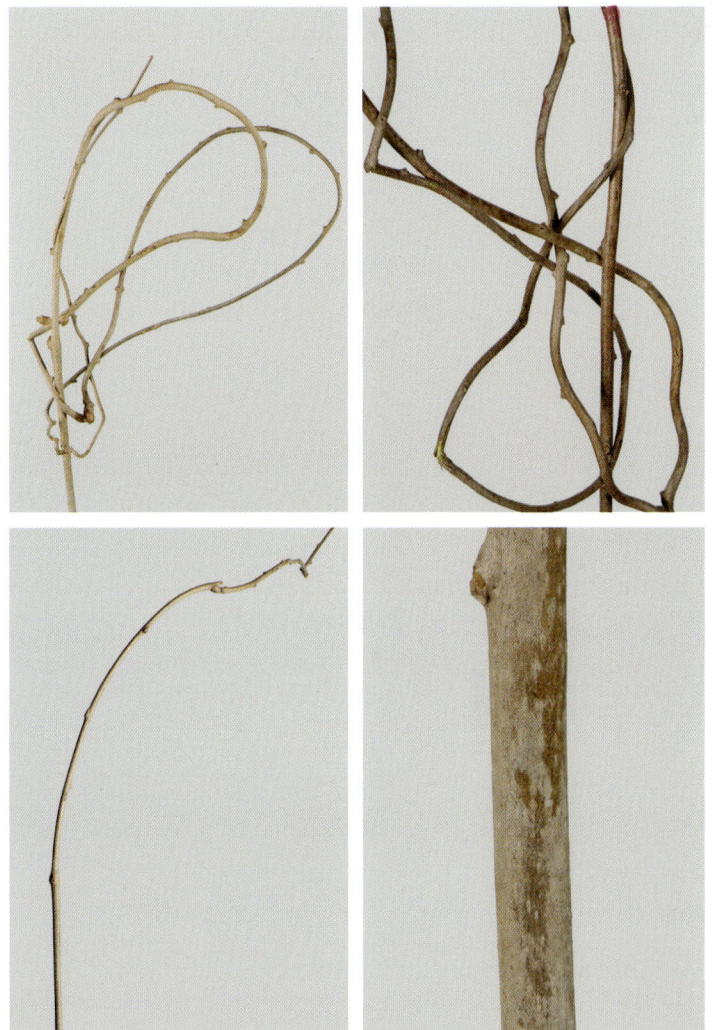

Adenanthos sericeus
울리부쉬

↑ ⼉	**L.**	30-50cm	
	M.	1Year	

Adenanthos sericeus
울리부쉬

L.	30-50cm
M.	Mar. - Dec.

Akebia quinata
으름덩굴

	L.	50–80cm
	M.	May – Jul.

Amaryllidaceae 수선화과

Allium sativum
마늘(꽃줄기), 마늘종ⓜ

	L.	50-80cm
	M.	1Year

Betulaceae 자작나무과

Alnus firma
사방오리, 오리나무㈜

L.	50-80cm
M.	1Year

Alocasia × *amazonica*
알로카시아 아마조니카

	L.	20-30cm
	M.	1Year

Alocasia macrorrhizos
알로카시아 마크로리조스

	L.	60-150cm
	M.	1Year

Apiaceae 미나리과

Angelica gigas
참당귀

✝	L.	40-60cm
	M.	Aug. – Sep.

Anthurium andraeanum
안스리움(잎)

	L.	30-50cm
	M.	1Year

Anthurium crystallinum
안스리움(잎)

L.	10-25cm
M.	1Year

Anthurium 'Renaissance'
안스리움 르네상스, 레나인센스®

L.	40-60cm
M.	1Year

Myrsinaceae 자금우과

Ardisia japonica
무늬 자금우

L.	15-30cm
M.	1Year

Myrsinaceae 자금우과

Ardisia pusilla
산호수

	L.	15-30cm
	M.	1Year

Rosaceae 장미과

Aronia arbutifolia
아로니아

	L.	80–200cm
	M.	Jul. – Aug.

Rosaceae 장미과

Aronia melanocarpa
아로니아 멜라노카파, 초코베리㎡

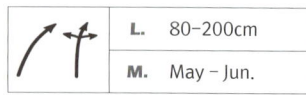

	L.	80-200cm
	M.	May – Jun.

Arum italicum

이탈리아 천남성, 천남성 열매ⓜ

	L.	10-30cm
↑	M.	Jul. - Aug.

Asparagaceae 아스파라거스과

Asparagus acutifolius
아스파라거스 아쿠티폴리우스

	L.	60-200cm
	M.	1Year

Asparagaceae 아스파라거스과

Asparagus aethiopicus
아스파라거스 스프렌게리

	L.	40-60cm
	M.	1Year

Asparagus asparagoides
아스파라거스 아스파라고이데스, 스마일락스⒨

	L.	100-150cm
	M.	1Year

Asparagaceae 아스파라거스과

Asparagus densiflorus 'Myersii'
아스파라거스 미에르시

	L.	40-60cm
	M.	1Year

Asparagus densiflorus 'Myriocladus'
아스파라거스 미리오클라두스

	L.	50-80cm
	M.	1Year

Asparagus setaceus 'Plumosus'
아스파라거스 플루모수스

	L.	40-80cm
	M.	1Year

Asparagaceae 아스파라거스과

Aspidistra elatior
엽란

L.	40–60cm
M.	1Year

Asparagaceae 아스파라거스과

Aspidistra elatior 'Asahi'
엽란 아사히

	L.	40-60cm
	M.	1Year

Asparagaceae 아스파라거스과

Aspidistra lurida
엽란 루리다

L.	40-60cm
M.	1Year

Aspleniaceae 꼬리고사리과

Asplenium antiquum
파초일엽, 아스플레니움, 대국도ⓜ

	L.	40-60cm
	M.	Jun. – Feb.

Avena sativa
귀리

	L.	40-60cm
	M.	May – Jun.

Bergenia coreana
돌부채

	L.	10–30cm
	M.	Apr. – Oct.

Berzelia abrotanoides
버질리아

	L.	30-50cm
	M.	Feb. - Nov.

Berzelia lanuginosa

버질리아 라누지노사, 랭기로사㎡

L.	30-50cm
M.	Feb. – Nov.

Betula platyphylla var. *japonica*
자작나무

L.	40–60cm
M.	Nov. – Feb.

Brassica napus
유채(종자)

	L.	40-60cm
	M.	May – Jun.

Brassicaceae 십자화과

Brassica oleracea var. *acephala*
꽃양배추

	L.	40-60cm
↑	M.	Nov. – Mar.

Brunia albiflora
브루니아

L.	30-50cm
M.	Feb. – Nov.

Brunia cv.
브루니아

	L.	30-50cm
	M.	Feb. – Nov.

Brunia cv.
브루니아

	L.	30-50cm
	M.	Feb. - Nov.

Bruniaceae 브루니아과

Brunia laevis
브루니아

L.	30-50cm
M.	Feb. – Nov.

Buxus koreana
회양목

L.	30-60cm
M.	1Year

Caladium bicolor
칼라디움

	L.	30-50cm
	M.	1Year

Calamagrostis epigeios
산조풀

↑	L.	40-60cm
	M.	Jun. – Jul.

Marantaceae 마란타과

Calathea lancifolia
칼라테아(인시그니스)

	L.	30-50cm
	M.	1Year

Lamiaceae 꿀풀과

Callicarpa dichotoma
좀작살나무

	L.	80-120cm
	M.	Aug. - Oct.

Callistemon citrinus

병솔나무, 금보수㎥

	L.	40-60cm
	M.	Oct. – Dec.

Cupressaceae 측백나무과

Callitris columellaris
브리비 파인

	L.	40-60cm
	M.	Sep. – Nov.

Calochlaena dubia
레인보우 펀

	L.	30-50cm
	M.	1Year

Camellia japonica

동백나무

	L.	40-80cm
	M.	1Year

Solanaceae 가지과

Capsicum annuum
화초고추(꽃고추)

L.	40-60cm
M.	Aug. - Nov.

Solanaceae 가지과

Capsicum annuum
화초고추(꽃고추)

	L.	40-60cm
	M.	Aug. - Nov.

Solanaceae 가지과

Capsicum annuum
화초고추(꽃고추)

	L.	40-60cm
	M.	Aug. - Nov.

Cardiospermum halicacabum
풍선덩굴

L.	80-120cm
M.	Jun. - Oct.

Carex phyllocephala 'Sparkler'
우산사초 스파클러

L.	30-50cm
M.	May - Jun.

Fagaceae 참나무과

Castanopsis sieboldii
구실잣밤나무, 제밥나무⑩

L.	50-80cm
M.	Sep. - May

Caustis blakei

코알라 펀

	L.	50-80cm
	M.	1Year

Caustis flexuosa
에뮤페다

	L.	50-80cm
	M.	1Year

Celastrus orbiculatus

노박덩굴(성숙 전의 열매), 까치밥나무㈜

	L.	50-80cm
	M.	Jul. – Nov.

Celastrus orbiculatus
노박덩굴(성숙 후의 열매), 까치밥나무㎡

	L.	50-80cm
	M.	Sep. - Jan.

Cumoniaceae 쿠노니아과

Ceratopetalum gummiferum
크리스마스 부쉬

	L.	40-60cm
	M.	Nov. – Dec.

Chaenomeles japonica
명자나무(산당화)

	L.	50-80cm
	M.	Dec. – May

Chaenomeles japonica
명자나무(산당화)

L.	50–80cm
M.	Dec. – May

Chamaecyparis obtusa

편백

	L.	20-40cm
	M.	1Year

Chamaecyparis obtusa 'Nana Aurea'
황금공작편백

L.	50-80cm
M.	Nov. - Dec.

Chamaecyparis pisifera
화백 블루버드

	L.	20-40cm
	M.	Oct. - Dec.

Cupressaceae 측백나무과

Chamaecyparis pisifera 'Squarrosa'
화백나무 스쿠아로사(서리화백), 비단향나무㈜

L.	20-40cm
M.	Oct. - Dec.

Chasmanthium latifolium
카스만티움, 유니폴라ⓜ

L.	60-80cm
M.	May – Sep.

Ranunculaceae 미나리아재비과

Clematis vitalba

클레마티스 비탈바

	L.	20-40cm
	M.	Jul. - Nov.

Ranunculaceae 미나리아재비과

Clematis vitalba

클레마티스 비탈바

L.	60–150cm
M.	Jul. – Nov.

Codiaeum variegatum
크로톤

	L.	20-30cm
	M.	1Year

Asparagaceae 아스파라거스과

Cordyline fruticosa 'Compacta'
코르딜리네 콤팍타, 모르세나 ⓜ

	L.	40-60cm
	M.	1Year

Cordyline fruticosa 'Exotica'
코르딜리네 엑소티카, 크리스탈Ⓜ

	L.	40-60cm
	M.	1Year

183

Cordyline terminalis 'Aichiaka'
코르딜리네 아이치아카, 홍죽Ⓜ

	L.	30-50cm
	M.	1Year

Cornaceae 층층나무과

Cornus alba 'Sibirica'

흰말채나무, 적말채㎡

L.	80-150cm
M.	Aug. - May

Cornus controversa
층층나무

	L.	60-100cm
	M.	Feb. – Apr.

Cornaceae 층층나무과

Cornus kousa
산딸나무

L.	60-100cm
M.	May - Jun.

Cornus officinalis
산수유(꽃)

	L.	50-80cm
	M.	Jan. - May

Cornus officinalis
산수유(열매)

	L.	50-80cm
	M.	Oct. - Dec.

Cornaceae 층층나무과

Cornus sericea 'Flaviramea'
노랑말채나무 플라비라메아

	L.	80-150cm
	M.	Aug. - May

Cortaderia selloana
팜파스 그라스

↑	L.	100-240cm
	M.	Aug. - Nov.

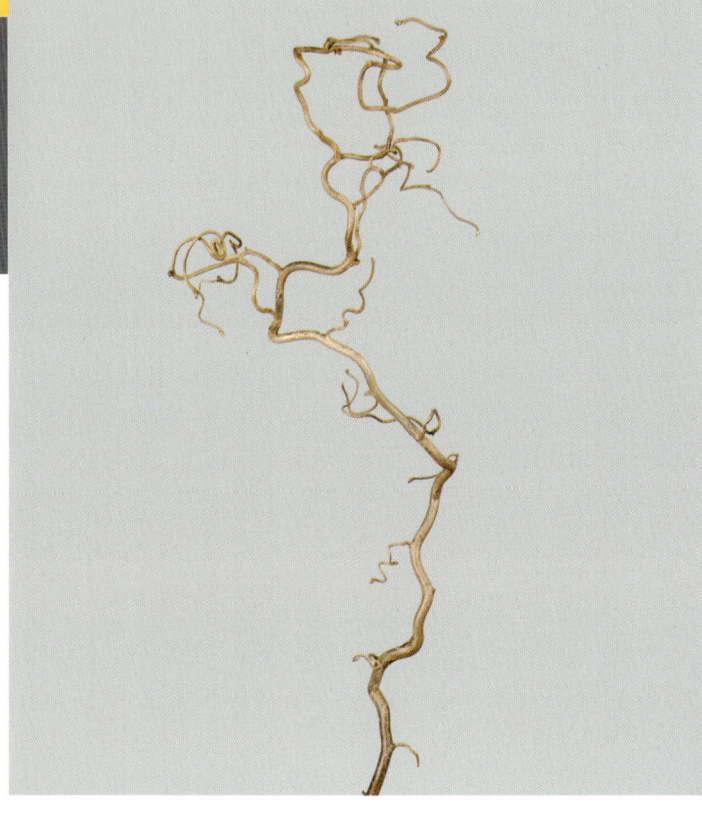

Corylus avellana 'Contorta'
코릴루스

	L.	60-150cm
	M.	1Year

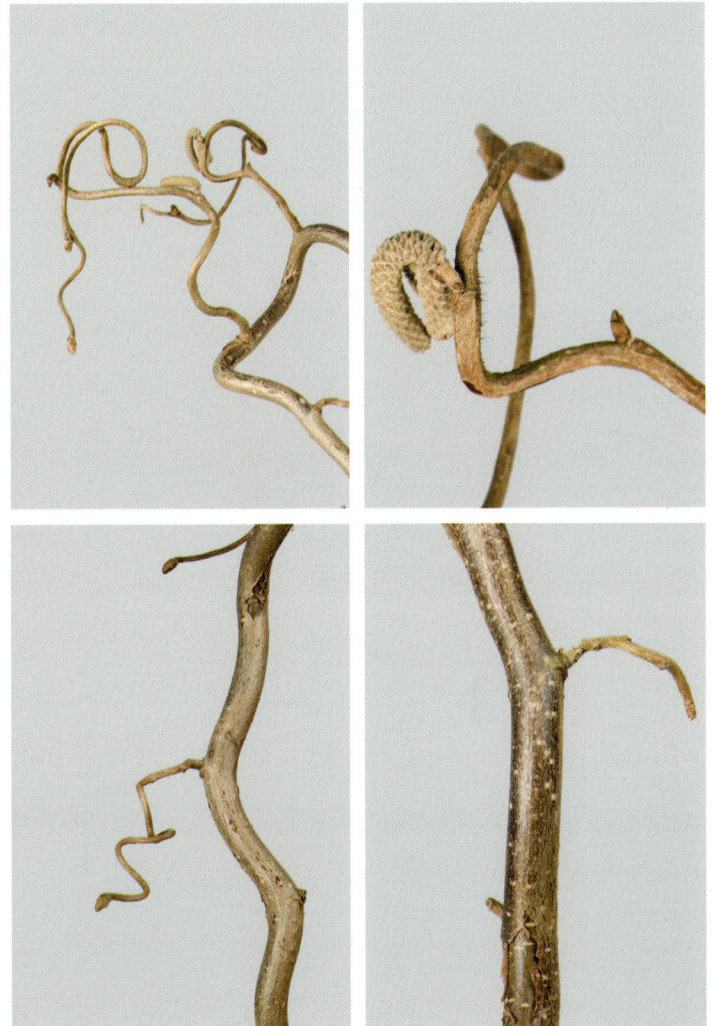

201

Anacardiaceae 옻나무과

Cotinus coggygria
안개나무

	L.	40-180cm
	M.	May – Jul.

Anacardiaceae 옻나무과

Cotinus coggygria 'Velvet Cloak'
안개나무 벨벳 클로크

	L.	40-180cm
	M.	Jun. - Oct.

Cupressaceae 측백나무과

Cryptomeria japonica
삼나무

	L.	80-120cm
	M.	Nov. – Jan.

Cryptomeria japonica
삼나무(스기나무)

L.	80-120cm
M.	Nov. – Jan.

Cucumis 'Deco-Fruits Mix'
관상호박

	L.	5–10cm
	M.	1Year

Cycas revoluta
소철

L.	60-100cm
M.	1Year

Cyperus exaltatus
왕골

	L.	60–100cm
	M.	Jun. – Aug.

Dryopteridaceae 면마과

Cyrtomium falcatum
도깨비쇠고비(홀리펀)

L.	30-50cm
M.	1Year

Cytisus scoparius

양골담초, 애니시다ⓜ

L.	60-100cm
M.	1Year

Asparagaceae 아스파라거스과

Danae racemosa

다나이, 루스커스 신종ⓜ

	L.	50-80cm
	M.	Jun. – Mar.

Thymelaeaceae 팥꽃나무과

Daphne odora
서향, 천리향ⓜ

L.	30–50cm
M.	Mar. – Apr.

Daphniphyllum macropodum
굴거리나무

L.	60-100cm
M.	Jul. – Mar.

Dendropanax morbiferus
황칠나무

	L.	50-80cm
	M.	Aug. – Oct.

Araliaceae 두릅나무과

Hydrangeaceae 수국과

Deutzia gracilis
애기말발도리, 화이트벨Ⓜ

L.	50-80cm
M.	Apr. – Jun.

Dicranopteris linearis
발풀고사리

↑	L.	40-60cm
	M.	1 Year

Dioscorea communis

블랙 브리오니

	L.	60-100cm
	M.	Jul. - Oct.

Diplocyclos palmatus
디플로시클로스

	L.	60-100cm
	M.	1Year

Asparagaceae 아스파라거스과

Dracaena 'Javita'
드라세나 자비타

	L.	30-50cm
	M.	1Year

Dracaena deremensis 'Warneckii'
드라세나 와네끼

L.	30-50cm
M.	1Year

Asparagaceae 아스파라거스과

Asparagaceae 아스파라거스과

Dracaena marginata 'Tricolor'
드라세나 레인보우

	L.	30-50cm
	M.	1Year

Asparagaceae 아스파라거스과

Dracaena reflexa 'Song of India'
드라세나 송 오브 인디아

	L.	30-50cm
	M.	1Year

Asparagaceae 아스파라거스과

Dracaena sanderiana
드라세나 개운죽

↑ ⚘	L.	40-60cm
	M.	1Year

Edgeworthia chrysantha
삼지닥나무(수피를 벗긴 가지)

	L.	80-120cm
	M.	1Year

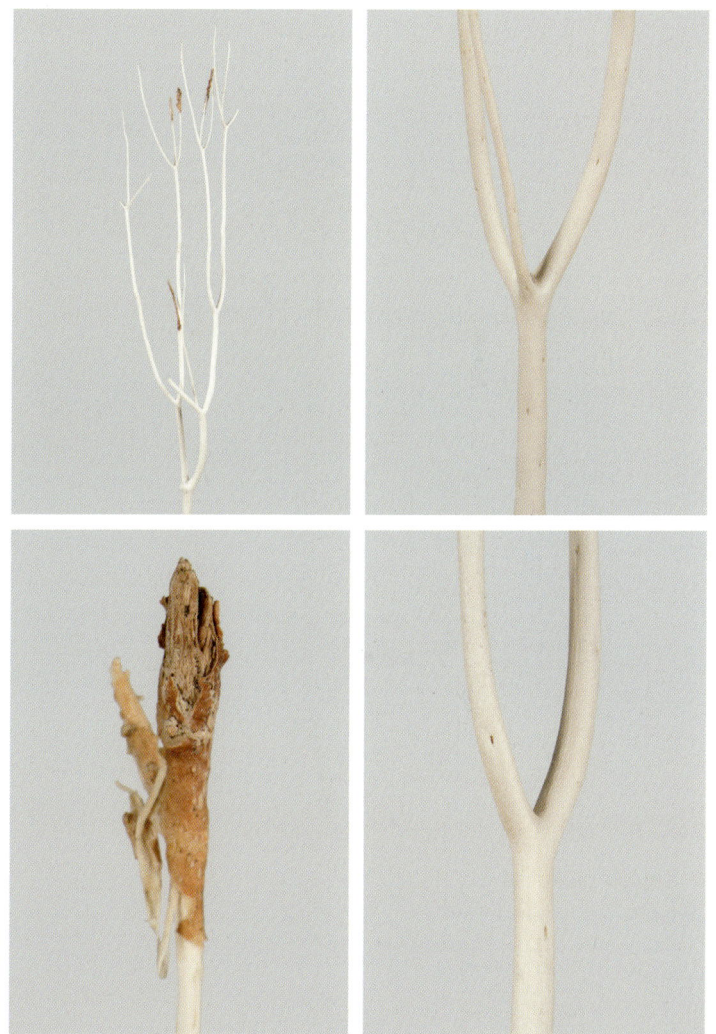

Elaeagnus multiflora
뜰보리수

	L.	50-80cm
	M.	Jun. – Jul.

Elegia capensis
엘리기어

	L.	60-100cm
	M.	Sep. – Dec.

Enkianthus campanulatus
등대꽃나무

L.	80-120cm
M.	Nov. – May

Entada phaseoloides
엔타다

	L.	80-200cm
	M.	1Year

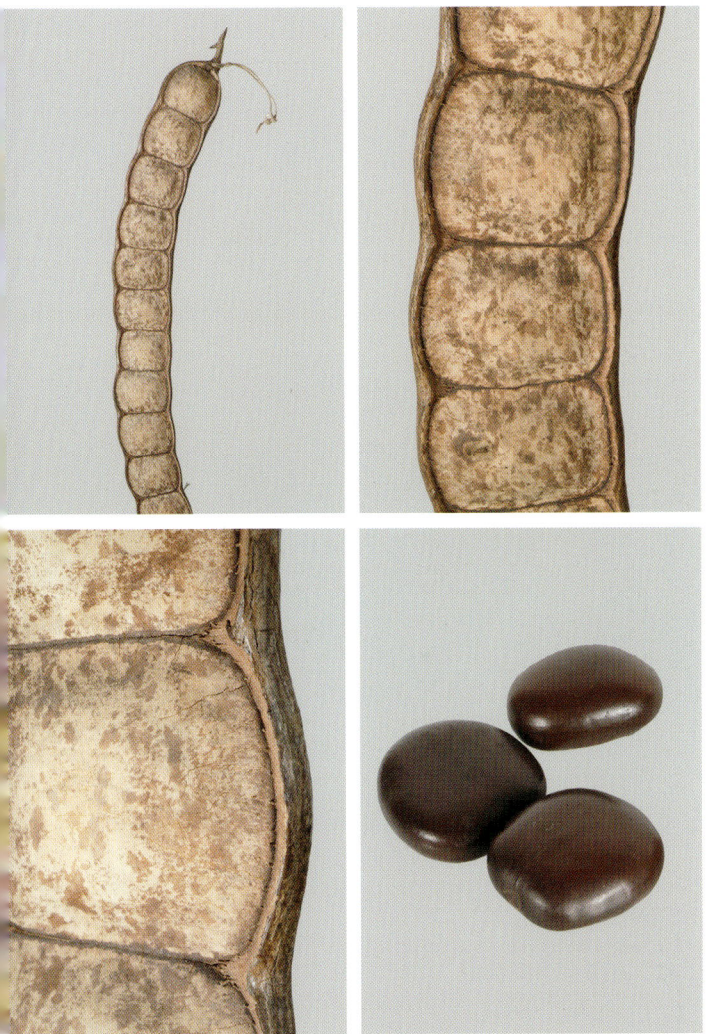

Araceae 천남성과

Epipremnum aureum
스킨답서스

	L.	20-40cm
	M.	1Year

Equisetaceae 속새과

Equisetum hyemale
속새(마디초)

↑ ↑	L.	40-80cm
	M.	1Year

Erica gracilis
에리카

	L.	20-40cm
	M.	1Year

Rosaceae 장미과

Eriobotrya japonica
비파나무

	L.	60-100cm
	M.	Aug. - Nov.

Eucalyptus calophylla
유칼립투스 마리

	L.	30-50cm
	M.	1Year

Eucalyptus cinerea
유칼립투스 시네리아

L.	40-80cm
M.	1Year

Eucalyptus dives
유칼립투스 다이베스

L.	40-80cm
M.	Sep. - May

Myrtaceae

Eucalyptus globulus
유칼립투스 그로부루스

	L.	40-80cm
	M.	Sep. - May

Myrtaceae 도금양과

Eucalyptus gunnii
유칼립투스 구니

	L.	40-80cm
	M.	1Year

Myrtaceae 도금양과

Eucalyptus nicholii
유칼립투스 니콜리

L.	40-80cm
M.	Sep. - May

Eucalyptus parvula
유칼립투스 파블로

L.	40-80cm
M.	1Year

Eucalyptus polyanthemos
유칼립투스 폴리

	L.	40-80cm
	M.	1Year

Eucalyptus spp.

유칼립투스, 유칼립투스 블랙잭ⓜ

L.	40-80cm
M.	1Year

Eucalyptus spp.

유칼립투스, 유칼립투스 볼㉠

L.	40-80cm
M.	1Year

Euonymus alatus
화살나무(녹색 잎)

	L.	80-120cm
	M.	May – Aug.

Euonymus alatus
화살나무(초기 단풍)

L.	80-120cm
M.	Aug. - Nov.

Celastraceae 노박덩굴과

Euonymus alatus
화살나무(가지의 코르크질 날개)

	L.	80-120cm
	M.	Dec. - Apr.

Celastraceae 노박덩굴과

Euonymus japonicus
사철나무, 청사철나무⑩

	L.	40-80cm
	M.	1Year

Euonymus japonicus

사철나무(열매)

L.	40-100cm
M.	Sep. – Dec.

Euonymus japonicus 'Green Spire'
사철나무 그린 스파이어(탑사철나무)

↑	L.	40-80cm
	M.	Jun. - Feb.

Euonymus japonicus 'Happiness'
사철나무 해피니스, 금사철나무㉾

↑	L.	40-80cm
	M.	Oct. - Mar.

Celastraceae 노박덩굴과

Euonymus japonicus 'Ovatus Aureus'
사철나무 오바투스 아루레우스, 은사철나무㎡

↑	L.	40-80cm
	M.	Jun. – Feb.

Euphorbia acanthothamnos
에우프로비아

	L.	40-80cm
	M.	1Year

301

Euphorbia marginata
설악초

L.	60–100cm
M.	Jul. – Oct.

Euphorbia spinosa
에우프로비아 스피노자

	L.	40-80cm
	M.	1Year

Araliaceae 두릅나무과

Fatshedera lizei
팻츠헤데라, 오손이ⓜ

	L.	60-100cm
	M.	Jul. - Aug.

Fatsia japonica
팔손이

	L.	40-60cm
	M.	Oct. - Dec.

Araliaceae 두릅나무과

Fatsia japonica
팔손이

L.	10–30cm
M.	1 Year

Forsythia koreana
개나리

	L.	60–100cm
	M.	Jan. – May

Oleaceae 물푸레나무과

Forsythia koreana
개나리(잎)

	L.	60-100cm
	M.	Apr. – Jun.

Diapensiaceae 돌매화나무과

Galax urceolata

갈락스

L.	10-15cm
M.	1Year

Diapensiaceae 돌매화나무과

Galax urceolata

갈락스

	L.	10–15cm
	M.	1Year

Gardenia jasminoides
치자나무

L.	40-60cm
M.	Jun. - Sep.

Gardenia jasminoides 'Fortuniana'
겹치자나무

L.	40–60cm
M.	May – Jun.

Ericaceae 진달래과

Gaultheria shallon
레몬잎

L.	30-60cm
M.	1Year

Gleicheniaceae 풀고사리과

Gleichenia dicarpa
코랄펀

L.	20-40cm
M.	1Year

Apocynaceae 협죽도과

Gomphocarpus physocarpus
풍선초

↑	L.	50-80cm
	M.	Oct. – Mar.

Gossypium indicum
목화

↑	L.	50-80cm
	M.	1Year

Proteaceae 프로테아과

Grevillea 'Gold Baileyana'
그레빌레아 골드 베일리에아나

	L.	30-50cm
	M.	1Year

Grevillea 'Spider Man'
그레빌레아 스파이더 맨

↑	L.	40-60cm
	M.	Dec. - Mar.

Proteaceae 프로테아과

Grevillea 'Spider Man'
그레빌레아 스파이더 맨

↑	L.	40-60cm
	M.	Dec. - Mar.

Grevillea 'Spider Man'
그레빌레아 스파이더 맨(잎)

	L.	40-60cm
	M.	Sep. - Nov.

Proteaceae 프로테아과

Grevillea aspleniifolia
그레빌레아 아스플레니폴리아

L.	50-80cm
M.	Sep. - Apr.

Grevillea hookeriana
그레빌레아 후커리아나

L.	40-60cm
M.	Dec. - Apr.

Grevillea hookeriana
그레빌레아 후커리아나

L.	40-60cm
M.	Dec. - Apr.

Grevillea 'Ivanhoe'
그레빌레아 아이반호

	L.	40-60cm
	M.	Dec. - Aug.

Guzmania lingulata
구즈마니아

↑	L.	30-50cm
	M.	1Year

Araliaceae 두릅나무과

Hedera helix
아이비

L.	4-8cm
M.	1Year

349

Hedera helix
아이비

	L.	40-60cm
	M.	1Year

Hedera helix
아이비

L.	40-60cm
M.	1Year

Araliaceae 두릅나무과

Hedera helix
아이비

	L.	40–60cm
	M.	1Year

Araliaceae 두릅나무과

Hedera helix 'Sagittifolia'
아이비

	L.	40-60cm
	M.	1Year

Hedera rhombea
송악, 담쟁이ⓜ

	L.	30-50cm
	M.	Dec. - May

Helichrysum petiolare

페티오라레, 실버아이비㉿

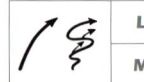

	L.	30-50cm
	M.	Jun. - Oct.

Saxifragaceae 범의귀과

Heuchera cv.

휴케라

	L.	10-20cm
	M.	Apr. - Nov.

Hordeum jubatum
여우꼬리보리

	L.	30–50cm
	M.	Jul. – Sep.

Hordeum vulgare
보리

↑	L.	40–60cm
	M.	May – Jun.

Asparagaceae 아스파라거스과

Hosta spp.
비비추, 옥잠화㎡

	L.	30-50cm
	M.	Jun. - Jul.

Humulus lupulus
홉

	L.	300–500cm
	M.	Jun. – Sep.

Hydrangea macrophylla

수국, 나비수국㈜

L.	50-80cm
M.	Apr. – Jul.

Hydrangeaceae 수국과

Hydrangea paniculata
나무수국

L.	30-80cm
M.	Jul. – Sep.

Hydrangea serrata for. *acuminata*
산수국, 나비수국ⓜ

L.	50-80cm
M.	Apr. – Jul.

Hypericum androsaemum cv.
히페리쿰

	L.	40-80cm
	M.	1Year

Hypnum plumaeforme
털깃털이끼, 선태⑰

	L.	10-20cm
	M.	1Year

Hypogymnia physodes
히포김니아

◎	L.	1-3cm
	M.	1Year

Ilex cornuta
호랑가시나무

🌱	**L.**	40-100cm
	M.	Nov. – Jan.

Ilex rotunda

먼나무

	L.	50–80cm
	M.	Nov. – Feb.

Aquifoliaceae 감탕나무과

Ilex verticillata
미국낙상홍

L.	80-120cm
M.	Sep. - Mar.

Asteraceae 국화과

Jacobaea maritima

백묘국

	L.	20-40cm
	M.	May – Oct.

Jasminum humile

이탈리안 자스민, 영춘화㎡

L.	50-80cm
M.	Apr. - Jun.

Jasminum humile
이탈리안 자스민(잎), 영춘화㉲

	L.	50-80cm
	M.	Jun. – Sep.

Jasminum polyanthum

학자스민

L.	30-50cm
M.	Dec. - May

Juncus effusus
고수골풀, 용수초ⓜ

↑	L.	60-100cm
	M.	May - Sep.

Juniperus chinensis var. 'Kaizuka'
가이즈까향나무

↑	**L.**	60-100cm
	M.	Nov. – Feb.

Kalopanax septemlobus
음나무

L.	60-100cm
M.	1Year

Koelreuteria paniculata
모감주나무

	L.	60-100cm
	M.	Aug. – Oct.

Lagurus ovatus
토끼꼬리풀(라그라스)

	L.	40-60cm
	M.	Apr. - Jun.

Laminaria cloustonii
라미나리아

	L.	40-60cm
	M.	1Year

Larix kaempferi
일본잎갈나무(낙엽송)

	L.	50-80cm
	M.	Nov. – May

Lathyrus latifolius
스위트피(종자)

	L.	30-50cm
	M.	Jul. - Oct.

Lepidium apetalum
다닥냉이

	L.	40-60cm
	M.	Jun. - Aug.

Leucobryaceae 흰털이끼과

Leucobryum glaucum

흰털이끼, 비단이끼ⓜ

	L.	10-20cm
	M.	1Year

Leucothoe walteri 'Rainbow'

레우코토이, 유코스에㎧

L.	30-50cm
M.	Apr. – Jun.

Ligustrum japonicum

광나무, 애정목㎡

	L.	50–80cm
	M.	May – Jul.

Ligustrum japonicum
광나무, 애정목㈜

	L.	50-80cm
	M.	Oct. - Dec.

Ligustrum obtusifolium
쥐똥나무, 청지목㎡

	L.	50-80cm
	M.	Apr. – May

Ligustrum × vicaryi
바칼리쥐똥나무(황금쥐똥나무)

	L.	60-100cm
	M.	May - Aug.

Lindera glauca
감태나무, 갈잎나무㉮

L.	60–100cm
M.	Oct. – Nov.

Lauraceae 녹나무과

Lindera obtusiloba

생강나무, 산동백⑩

	L.	60-100cm
	M.	Dec. - May

Litsea japonica
까마귀쪽나무, 구름비나무㎡

	L.	50-80cm
	M.	Jul. – Mar.

Lauraceae 녹나무과

Litsea japonica
까마귀쪽나무(열매), 구름비나무ⓜ

	L.	50-80cm
	M.	Jul. - Mar.

Myrtaceae 도금양과

Lophomyrtus × *ralphii*
로포미르투스, 홍화㎧

	L.	40-60cm
	M.	Sep. - Nov.

Brassicaceae 십자화과

Lunaria annua
루나리아

L.	40-100cm
M.	Jun. - Aug.

Magnoliaceae 목련과

Magnolia denudata
백목련

	L.	60-100cm
	M.	Dec. - Apr.

Magnoliaceae 목련과

Magnolia grandiflora
태산목

🌱	**L.**	60-100cm
	M.	Aug. - Mar.

Magnoliaceae 목련과

Magnolia liliiflora
자목련

	L.	60-100cm
	M.	Dec. - May

Amaranthaceae 비름과

Maireana sedifolia
코치아

↑	L.	30-60cm
	M.	Sep. - May

Malus domestica 'Maypole'
메이폴사과

	L.	60-80cm
	M.	Apr. – Jun.

Rosaceae 장미과

Malus halliana
꽃사과나무(서부해당화)

	L.	60-80cm
	M.	Apr. – Jun.

Rosaceae 장미과

Malus species
사과

	L.	3–5cm
	M.	Jul. – Oct.

Myrtaceae 도금양과

Melaleuca bracteata 'Revolution Gold'
멜라루카 골드

	L.	40-120cm
	M.	1Year

Melilotus suaveolens
전동싸리

	L.	60–80cm
	M.	Jun. – Jul.

Mentha suaveolens
애플민트

	L.	20-40cm
	M.	Jul. – Sep.

Miscanthus sinensis

억새

	L.	100-250cm
	M.	Aug. - Dec.

Monstera deliciosa

몬스테라

	L.	30-60cm
	M.	1Year

Morus bombycis
산뽕나무

	L.	60-100cm
	M.	Dec. - Mar.

Muhlenbergia capillaris
핑크뮬리

L.	60–100cm
M.	Jul. – Sep.

Saxifragaceae 범의귀과

Mukdenia rossii
돌단풍

L.	8–15cm
M.	Apr. – May

Myrica gale
머틀, 새우느티나무ⓜ

↑	L.	60-150cm
	M.	Mar. - Apr.

Myrica rubra

소귀나무, 서귀나무⑩

	L.	50-80cm
	M.	Jul. – May

Myrtaceae 도금양과

Myrtus communis

은매화, 미르투스ⓜ

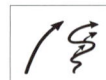

L.	40-60cm
M.	1Year

Berberidaceae 매자나무과

Nandina domestica
남천

	L.	60-100cm
	M.	May – Jul.

Berberidaceae 매자나무과

Nandina domestica
남천(단풍)

	L.	60-100cm
	M.	Aug. - Dec.

Nandina domestica

남천(열매)

L.	60-100cm
M.	Oct. – Dec.

Nebelia fracanoides
클러스터 스타

L.	30-50cm
M.	Jun. - Mar.

Nelumbonaceae 연꽃과

Nelumbo nucifera
연꽃(열매 및 꽃받침통), 연밥㎥

	L.	60-100cm
	M.	Jul. - Sep.

Nelumbo nucifera
연꽃(꽃받침통), 연밥

L.	60-100cm
M.	1Year

Nelumbo nucifera
연잎

	L.	60–100cm
	M.	May – Oct.

Nelumbonaceae 연꽃과

Nephrolepidaceae 줄고사리과

Nephrolepis cordifolia 'Duffii'
더피

	L.	15-25cm
	M.	1Year

Nephrolepis exaltata
보스턴고사리

	L.	40-60cm
	M.	1Year

Nephrolepidaceae 줄고사리과

Apocynaceae 협죽도과

Nerium oleander

협죽도(유도화)

	L.	40-60cm
	M.	Jun. – Nov.

Olea europaea
올리브나무

	L.	40-80cm
	M.	Oct. - Aug.

Asparagaceae 아스파라거스과

Ophiopogon jaburan
맥문아재비, 호엽란㎡

	L.	40-60cm
	M.	1Year

Ophiopogon jaburan 'Vittatus'
맥문아재비 비타투스, 무늬 호엽란㎡

	L.	40-60cm
	M.	1Year

Osmanthus heterophyllus
구골나무, 호랑가시나무㈜

L.	80-120cm
M.	Nov. – Jan.

Osmundaceae 고비과

Osmunda regalis
왕관 고사리

	L.	60-80cm
	M.	Mar. – Jul.

Buxaceae 회양목과

Pachysandra terminalis
수호초

	L.	10-20cm
	M.	Apr. - Dec.

Panicum capillare
파니쿰 캐필라레

L.	40-60cm
M.	Mar. - Nov.

Papaver somniferum
양귀비

	L.	40-60cm
	M.	Jun. – Oct.

Proteaceae 프로테아과

Paranomus sceptrum-gustavianus
파라노무스

↑	L.	30-50cm
	M.	Sep. - Feb.

Pelargonium spp.

제라늄

	L.	8-15cm
	M.	Apr. - May

Pennisetum alopecuroides
수크렁

↑	L.	40-60cm
	M.	Sep. - Oct.

Polygonaceae 마디풀과

Persicaria hydropiper
여뀌

L.	50–80cm
M.	Aug. – Oct.

Persoonia longifolia
페르소니아, 벙커부쉬Ⓜ

	L.	50-80cm
	M.	Jun. – Feb.

Persoonia virgata
사파이어부쉬

	L.	30-50cm
	M.	Sep. – Feb.

phalaris canariensis

카나리갈풀(필라리스)

L.	30-50cm
M.	Aug. - Oct.

Phaseolus vulgaris 'Borlotto Rosso'
덩굴 강낭콩

	L.	80-120cm
	M.	Jul. - Oct.

Hydrangeaceae 수국과

Philadelphus schrenckii
고광나무

L.	60–100cm
M.	May – Jun.

Philodendron bipinnatifidum
필로덴드론 셀렘

	L.	30-50cm
	M.	1Year

Philodendron 'Congo'
필로덴드론 콩고

L.	30-50cm
M.	1Year

Philodendron 'Congo'
필로덴드론 콩고

	L.	30–50cm
	M.	1Year

Philodendron 'Fun Bun'
필로덴드로 펀번

	L.	50-80cm
	M.	1Year

Philodendron 'Xanadu'
뉴 필로덴드론 셀렘

L.	20-40cm
M.	1Year

Phlebodium 'Blue star'
플레보디움

L.	30-50cm
M.	Mar. – Oct.

Phoenix roebelenii
피닉스야자

	L.	60-100cm
	M.	1Year

Asphodelaceae 아스포델루스아과

Phormium tenax

잎새란

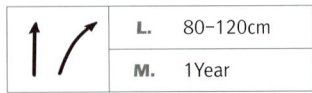

	L.	80-120cm
	M.	1Year

Phormium tenax

잎새란

	L.	80-120cm
	M.	1Year

Photinia glabra
홍가시나무

	L.	50–80cm
	M.	May – Jun.

Photinia glabra
홍가시나무(신초)

L.	50-80cm
M.	Jun. – Feb.

Phylica ericoides

필리카

	L.	30-50cm
	M.	1Year

Phyllostachys bambusoides
왕대, 대나무ⓜ

↑	L.	80-120cm
	M.	1Year

Solanaceae 가지과

Physalis alkekengi
꽈리

	L.	60-80cm
↑	**M.**	Jul. - Aug.

Solanaceae 가지과

Physalis alkekengi
꽈리

↑	L.	60–80cm
	M.	Sep. – Oct.

Physocarpus intermedius
중산국수나무

↑	L.	50–80cm
	M.	May – Jun.

Rosaceae 장미과

Physocarpus opulifolius
양국수나무, 황금조팝나무ⓜ

↑	L.	50-80cm
	M.	Dec. - May

Phytolacca americana

미국자리공, 장녹수ⓜ

	L.	60-100cm
	M.	May – Oct.

Ericaceae 진달래과

Pieris japonica
마취목

	L.	60-200cm
	M.	Dec. – May

Pieris japonica
피에리스

L.	20-50cm
M.	Dec. - Aug.

563

Pinus densiflora
소나무(적송)

L.	50-80cm
M.	Dec. - Feb.

Pinus parviflora

섬잣나무(오엽송)

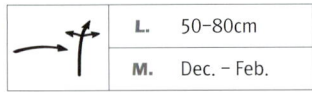

L.	50-80cm
M.	Dec. - Feb.

Pinus thunbergii
곰솔(해송)

	L.	50-80cm
	M.	Dec. - Feb.

Pistacia lentiscus
피스타키아

	L.	30-50cm
	M.	Nov. - Feb.

Pittosporum 'O'brien'
피토스포룸 오브라이언

	L.	30-50cm
	M.	Apr. - Oct.

Pittosporaceae 돈나무과

Pittosporum ralphii
피토스포룸 랄피

	L.	30-50cm
	M.	Apr. - Oct.

575

Pittosporum tenuifolium
피토스포룸 테뉘폴리움

	L.	30-50cm
	M.	Apr. – Oct.

Pittosporum tenuifolium 'Tasman ruffles'
피토스포룸 타스만 루플리스

	L.	30-50cm
	M.	1Year

Pittosporum tobira

돈나무(잎), 천리향㎥

	L.	50-80cm
	M.	1Year

Pittosporum tobira

돈나무(꽃), 천리향ⓜ

L.	50-80cm
M.	Apr. - May

Podocarpus macrophyllus
나한송

↑	L.	30-50cm
	M.	Jan. - Feb.

Polygonatum odoratum var. *pluriflorum*
둥굴레

	L.	30-50cm
	M.	Aug. - Sep.

587

Polygonatum odoratum var. *pluriflorum* 'Variegatum'
무늬둥굴레, 명자란Ⓜ

	L.	30-50cm
	M.	Feb. – Jul.

Polygonatum stenophyllum
층층둥굴레, 황정㉮

/	L.	40-60cm
	M.	May – Jun.

Poncirus trifoliata
탱자나무

	L.	30–50cm
	M.	1Year

Protea cordata
프로테아 코다타

	L.	10-20cm
	M.	Aug. - Feb.

Prunus armeniaca
살구

L.	80-100cm
M.	Mar. - May

Prunus glandulosa for. *albiplena*
옥매

↑	L.	60-100cm
	M.	Feb. - May

Prunus mume
매실나무

	L.	60-100cm
	M.	Feb. – May

Prunus persica
복사나무, 복숭아나무㎥

L.	60-100cm
M.	Feb. – May

Rosaceae 장미과

Prunus persica for. *rubroplena*

만첩홍도, 홍매화㎡

	L.	60-100cm
	M.	Feb. - May

Prunus salicina
자두나무

L.	60-100cm
M.	Apr. - May

Prunus sargentii

산벚나무

	L.	50-80cm
	M.	Feb. - May

Prunus serrulata

벚나무

L.	50-80cm
M.	Feb. - Apr.

Prunus serrulata 'Shiro-fugen'
겹벚나무 시로 부겐

L.	50-80cm
M.	Feb. - May

Prunus spinosa
가시자두 스피노사

L.	80-120cm	
M.	Jun. - Sep.	

Prunus triloba var. *truncata*
풀또기(홍옥매), 홍매ⓜ

↑	L.	60-100cm
	M.	Feb. - May

Pseudotsuga menziesii
미송(더글러스 전나무)

L.	40-60cm
M.	Nov. - Feb.

Pyracantha angustifolia
피라칸사스

L.	60-120cm	
M.	Oct. - Dec.	

Rosaceae 장미과

Pyrus pyrifolia var. *culta*
배나무

L.	50-80cm
M.	Apr. - May

Fagaceae 참나무과

Quercus dentata
떡갈나무

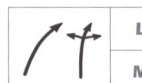

L.	50-80cm
M.	Apr. – Jul.

Raphiolepis indica var. *umbellata*
다정큼나무, 다정금ⓜ

L.	30–50cm
M.	May – Aug.

Rosaceae 장미과

Raphiolepis indica var. *umbellata*
다정큼나무(열매), 다정금㉺

L.	30-50cm
M.	Oct. – Dec.

Retama monosperma

제니스타

	L.	40-60cm
	M.	Jan. - May

Retama monosperma
제니스타

L.	40-60cm
M.	Jan. - May

Reynoutria japonica
레나우트리아(호장근)

↑	L.	100-200cm
	M.	Jun. - Oct.

Rhododendron indicum

영산홍 베니

	L.	50-80cm
	M.	Mar. - Apr.

Rhododendron indicum
영산홍 베니(잎)

	L.	50-80cm
	M.	Aug. - Nov.

Rhododendron mucronulatum
진달래

	L.	50-80cm
	M.	Feb. – Apr.

Ericaceae 진달래과

Rhododendron mucronulatum
진달래

	L.	50-80cm
	M.	May – Aug.

Rhododendron schlippenbachii
철쭉

十	L.	40-60cm
	M.	May – Jul.

Ricinus communis
피마자(아주까리)

	L.	50-80cm
	M.	Jul. - Aug.

Rosa hybrida
장미(열매)

	L.	40-60cm
	M.	Jul. – Sep.

Rosa hybrida
장미(열매)

	L.	40-60cm
	M.	Sep. – Dec.

Rosa multiflora
찔레

	L.	80-120cm
	M.	Aug. - Sep.

651

Rosaceae 장미과

Rosa multiflora

찔레

	L.	80-120cm
	M.	Sep. - Dec.

Rosa smeralda

장미(줄기)

	L.	70-90cm
	M.	Jul. - Sep.

Lamiaceae 꿀풀과

Rosmarinus officinalis
로즈마리

	L.	30-50cm
	M.	1Year

Rubus fruticosus
블랙베리

	L.	60-100cm
	M.	Feb. – May

Rubus fruticosus 'Chester'
블랙베리

	L.	50-80cm
	M.	Jul. - Nov.

Rosaceae 장미과

Rubus hayata-koidzumii
대만 딸기

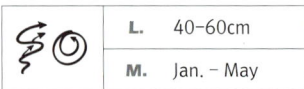

L.	40-60cm
M.	Jan. - May

663

Dryopteridaceae 면마과

Rumohra adiantiformis
루모라 고사리, 노무라ⓜ

L.	20-40cm
M.	1Year

Asparagaceae 아스파라거스과

Ruscus hypophyllum
루스커스

↑	L.	30–60cm
	M.	1Year

Salicaceae 버드나무과

Salix chaenomeloides
왕버들

	L.	50-80cm
	M.	Nov. – Apr.

Salix chaenomeloides

왕버들, 밍크버들ⓜ

L.	50-80cm
M.	Nov. – Feb.

Salix gracilistyla

갯버들, 깃버들⑩

	L.	50-80cm
	M.	Nov. - Feb.

Salicaceae 버드나무과

Salix integra 'Hakuro-nishiki'
무늬개키버들, 오색버드나무㎫

	L.	50-80cm
	M.	Apr. – May

Salix koreensis
홍버들

	L.	50-80cm
	M.	Nov. - Feb.

677

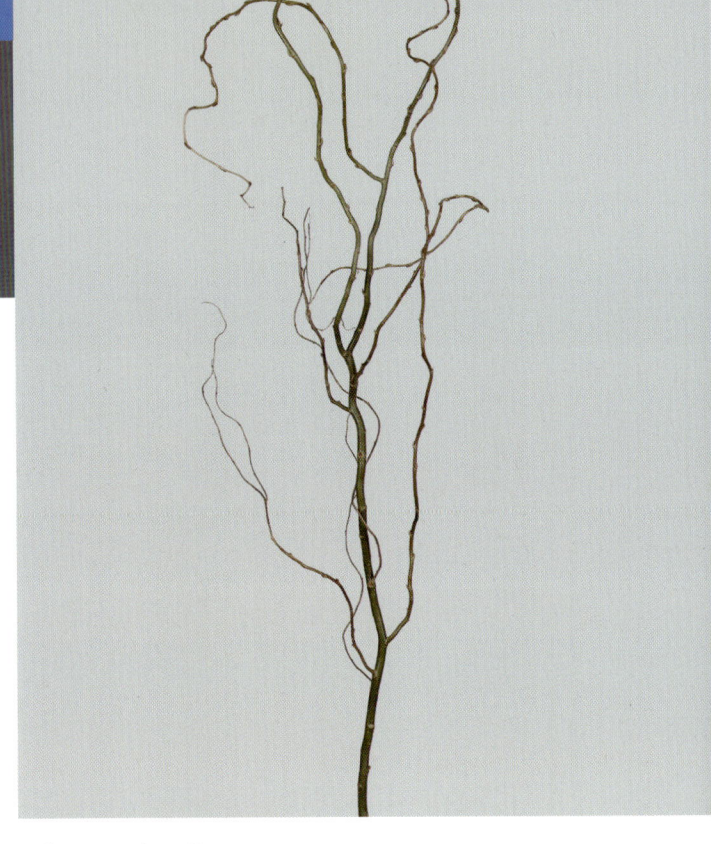

Salix matsudana for. *tortuosa*

고수버들/용버들, 곱슬버들㈜

	L.	80-150cm
	M.	1Year

Salix matsudana for. *tortuosa*

고수버들/용버들, 이란 곱슬버들㈜

	L.	80-150cm
	M.	1Year

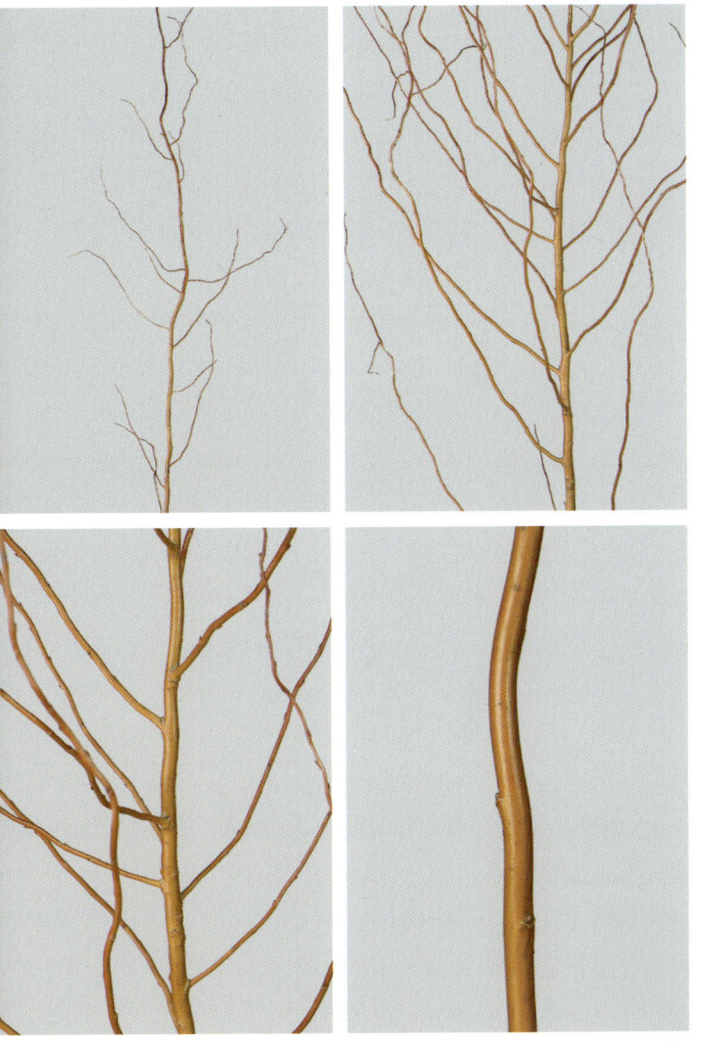

Salix pseudolasiogyne
능수버들

	L.	80-150cm
	M.	Jul. – May

Salix udensis 'Sekka'
석화버들

	L.	80-150cm
	M.	Aug. – May

Chloranthaceae 홀아비꽃대과

Sarcandra glabra (Thunb.) Nakai

죽절초, 천낭금㎡

L.	30–50cm
M.	Apr. – May

Setaria italica

조

	L.	40-60cm
	M.	Jun. - Aug.

Setaria viridis
강아지풀

	L.	40-60cm
	M.	Jul. - Aug.

Skimmia japonica
스키미아

	L.	20-50cm
	M.	Oct. - May

Skimmia japonica
스키미아

	L.	20-50cm
	M.	Oct. – May

695

Smilax china
청미래덩굴

	L.	40–60cm
	M.	Jun. – Aug.

Smilax china

청미래덩굴

	L.	40-60cm
	M.	Sep. - Dec.

Solanum aethiopicum
화초토마토

	L.	40-60cm
	M.	Aug. – Nov.

Solanum mammosum

노랑혹가지, 여우얼굴ⓜ

L.	40-60cm
M.	Aug. - Dec.

Solanum viarum

왕도깨비가지, 수박가지㎥

	L.	50-80cm
	M.	Aug. – Sep.

Rosaceae 장미과

Sorbaria sorbifolia
개쉬땅나무, 신지매㈜

	L.	30-50cm
	M.	Jun. - Aug.

Sorbus alnifolia
팥배나무(잎, 꽃눈), 너도밤나무㎡

L.	60-100cm
M.	May – Aug.

Sorbus alnifolia
팥배나무(꽃), 너도밤나무⑩

L.	60-100cm
M.	May – Jun.

Sorbus alnifolia
팥배나무(성숙 전의 열매), 너도밤나무㉮

L.	60-100cm
M.	Jun. - Aug.

Fagaceae 참나무과

Sorbus alnifolia
팥배나무(성숙 후의 열매), 너도밤나무㎝

	L.	60-100cm
	M.	Aug. - Oct.

Sorbus commixta
마가목

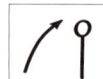

L.	50-80cm
M.	Feb. – Apr.

Rosaceae 장미과

Sorbus commixta

마가목

L.	50-80cm
M.	May – Aug.

Sorbus commixta

마가목

	L.	50-80cm
	M.	Sep. - Aug.

Sorghum bicolor
수수

	L.	40–60cm
	M.	Sep. – Nov.

Spiraea cantoniensis
공조팝나무

L.	60-120cm
M.	Jan. - May

Spiraea japonica
일본백조팝나무

L.	40-60cm
M.	May – Jul.

Spiraea japonica
일본홍조팝나무

L.	40-60cm
M.	May – Jul.

Spiraea prunifolia

만첩조팝나무, 겹설유화

L.	60-120cm
M.	Feb. – May

Spiraea prunifolia for. *simpliciflora*
조팝나무, 설유화㎡

	L.	60-120cm
	M.	Dec. - May

Spiraea prunifolia for. *simpliciflora*
조팝나무, 홍설유화⑪

L.	60-120cm
M.	Feb. - May

Spiraea prunifolia for. *simpliciflora*
조팝나무(잎), 잎설유화㎡

	L.	60-120cm
	M.	May – Sep.

Spiraea prunifolia for. *simpliciflora*
조팝나무(단풍), 잎설유화⒨

	L.	60-120cm
	M.	Sep. - Oct.

Spiraea prunifolia Sieb. et Zucc.
만첩조팝나무, 겹조팝나무㈜

L.	50-80cm
M.	Apr. – Jun.

Stachys byzantina
램스이어

		L.	30-50cm
		M.	Mar. - Oct.

Sticherus flabellatus
엄브렐라 펀

L.	30-50cm
M.	1Year

Strelitziaceae 극락조화과

Strelitzia reginae
극락조화(잎)

L.	50-80cm
M.	1Year

Strelitzia reginae
극락조화(건조화)

↑	L.	50-80cm
	M.	1Year

Strelitziaceae 극락조화과

Caprifoliaceae 인동과

Symphoricarpos albus
심포리카르포스, 스노우베리Ⓜ

	L.	40-100cm
	M.	Jul. - Nov.

Symphoricarpos orbiculatus
심포리카르포스 코랄베리, 레드베리ⓜ

	L.	40-100cm
	M.	Sep. – Mar.

Symplocos chinensis for. *pilosa*
노린재나무

	L.	60-100cm
	M.	Dec. – Apr.

Oleaceae 물푸레나무과

Syringa vulgaris
라일락

L.	50-80cm
M.	Mar. - May

Syringa vulgaris
라일락

	L.	50-80cm
	M.	Mar. - May

Tamarix chinensis

위성류

	L.	50–80cm
	M.	Jul. – Aug.

Taxus cuspidata
주목

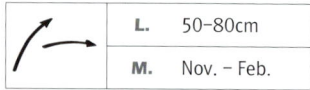

L.	50-80cm
M.	Nov. – Feb.

Brassicaceae 십자화과

Thlaspi arvense
말냉이

	L.	40-60cm
	M.	Jun. - Aug.

Thryptomene calycina

트립토메네, 쓰립토메인㎡

	L.	40-60cm
	M.	Jul. – Nov.

Myrtaceae 도금양과

Thryptomene calycina
트립토메네, 쓰립토메인ⓜ

L.	40-60cm
M.	Jul. – Nov.

Thuja occidentalis

측백나무

	L.	40-60cm
	M.	1Year

Cupressaceae 측백나무과

Thuja occidentalis 'Emerald Gold'
에메랄드골드 측백

	L.	50-80cm
	M.	Nov. – Feb.

Arecaceae 종려과

Trachycarpus wagnerianus
당종려

L.	30–60cm
M.	1Year

Typha minima
애기부들

L.	60-100cm
M.	Jul. - Aug.

Typha orientalis
부들

↑ ♀	L.	60–100cm
	M.	Jul. – Oct.

Typha orientalis
부들(잎)

L.	60–100cm
M.	May – Oct.

Vaccinium myrtillus

유럽블루베리, 빌베리ⓜ

	L.	40-60cm
	M.	Oct. – Apr.

Vaccinium oldhamii
정금나무

	L.	50-80cm
	M.	Apr. - May

Vaccinium ovatum

캘리포니아 허클베리, 그린후크ⓜ

	L.	30-50cm
	M.	Oct. – Apr.

Vaccinium parvifolium

허클베리, 레드후크㎡

	L.	30-50cm
	M.	Oct. – Apr.

Vaccinium spp.

블루베리

	L.	30-50cm
	M.	Jun. - Aug.

Adoxaceae 연복초과

Viburnum dilatatum
가막살나무

	L.	40-80cm
	M.	Aug. - Nov.

Viburnum odoratissimum var. *awabuki*
아왜나무, 산호수ⓜ

L.	50-80cm
M.	Jul. - Oct.

Viburnum opulus

불두화

	L.	50-80cm
	M.	Jul. - Oct.

Viburnum tinus

월계분꽃나무, 레몬트리Ⓜ

L.	40-60cm
M.	Apr. - Aug.

Adoxaceae 연복초과

Viburnum tinus

월계분꽃나무(열매), 레몬트리ⓜ

L.	40-60cm
M.	Sep. – Jan.

Viscum album
겨우살이

L.	10–30cm
M.	Oct. – Dec.

Vitis coignetiae
머루

	L.	80-100cm
	M.	Jul. - Aug.

Vitis vinifera
포도나무

	L.	80-150cm
	M.	1Year

Caprifoliaceae 인동과

Weigela subsessilis
병꽃나무

	L.	50–80cm
	M.	Apr. – May

Asphodelaceae 아스포델루스아과

Xanthorrhoea preissii
스틸그라스

L.	80-120cm
M.	1Year

Melanthiaceae 여로과

Xerophyllum tenax
베어그라스

L.	60-100cm
M.	1Year

Zelkova serrata

느티나무

	L.	60–100cm
	M.	1Year

A

- Abelia × grandiflora ... 12
- Abeliophyllum distichum ... 14
- Abelmoschus esculentus ... 16
- Abies holophylla ... 18
- Abies koreana ... 20
- Abutilon theophrasti ... 22
- Acacia 'Clair de Lune' ... 24
- Acacia 'Denis Boden' ... 26
- Acacia 'Turner' ... 28–30
- Acacia baileyana ... 32–34
- Acacia cultriformis ... 36
- Acacia dealbata ... 38–40
- Acacia floribunda ... 42
- Acacia pycnantha ... 44
- Acca sellowiana ... 46
- Acer pictum subsp. mono ... 48
- Actinidia arguta ... 50
- Adenanthos sericeus ... 52–54
- Akebia quinata ... 56
- Allium sativum ... 58
- Alnus firma ... 60
- Alocasia × amazonica ... 62
- Alocasia macrorrhizos ... 64
- Angelica gigas ... 66
- Anthurium andraeanum ... 68
- Anthurium crystallinum ... 69
- Anthurium 'Renaissance' ... 70
- Ardisia japonica ... 72
- Ardisia pusilla ... 74
- Aronia arbutifolia ... 76
- Aronia melanocarpa ... 78
- Arum italicum ... 80
- Asparagus acutifolius ... 82
- Asparagus aethiopicus ... 84
- Asparagus asparagoides ... 86
- Asparagus densiflorus 'Myersii' ... 88
- Asparagus densiflorus 'Myriocladus' ... 90
- Asparagus setaceus 'Plumosus' ... 92
- Aspidistra elatior ... 94
- Aspidistra elatior 'Asahi' ... 95
- Aspidistra lurida ... 96

Asplenium antiquum	98
Avena sativa	100

B
Bergenia coreana	102
Berzelia abrotanoides	104
Berzelia lanuginosa	106
Betula platyphylla var. japonica	108
Brassica napus	110
Brassica oleracea var. acephala	112
Brunia albiflora	114
Brunia cv.	116–118
Brunia laevis	120
Buxus koreana	122

C
Caladium bicolor	124
Calamagrostis epigeios	126
Calathea lancifolia	128
Callicarpa dichotoma	130
Callistemon citrinus	132
Callitris columellaris	134
Calochlaena dubia	136
Camellia japonica	138
Capsicum annuum	140–143
Cardiospermum halicacabum	144
Carex phyllocephala 'Sparkler'	146
Castanopsis sieboldii	148
Caustis blakei	150
Caustis flexuosa	152
Celastrus orbiculatus	154–156
Ceratopetalum gummiferum	158
Chaenomeles japonica	160–162
Chamaecyparis obtusa	164
Chamaecyparis obtusa 'Nana Aurea'	166
Chamaecyparis pisifera	168
Chamaecyparis pisifera 'Squarrosa'	170
Chasmanthium latifolium	172
Clematis vitalba	174–176
Codiaeum variegatum	178
Cordyline fruticosa 'Compacta'	180
Cordyline fruticosa 'Exotica'	182

Cordyline terminalis 'Aichiaka'	184
Cornus alba 'Sibirica'	186
Cornus controversa	188
Cornus kousa	190
Cornus officinalis	192-194
Cornus sericea 'Flaviramea'	196
Cortaderia selloana	198
Corylus avellana 'Contorta'	200
Cotinus coggygria	202
Cotinus coggygria 'Velvet Cloak'	204
Cryptomeria japonica	206-208
Cucumis 'Deco-Fruits Mix'	210
Cycas revoluta	212
Cyperus exaltatus	214
Cyrtomium falcatum	216
Cytisus scoparius	218

D

Danae racemosa	220
Daphne odora	222
Daphniphyllum macropodum	224
Dendropanax morbiferus	226
Deutzia gracilis	228
Dicranopteris linearis	230
Dioscorea communis	232
Diplocyclos palmatus	234
Dracaena 'Javita'	236
Dracaena deremensis 'Warneckii'	238
Dracaena marginata 'Tricolor'	240
Dracaena reflexa 'Song of India'	242
Dracaena sanderiana	244

E

Edgeworthia chrysantha	246
Elaeagnus multiflora	248
Elegia capensis	250
Enkianthus campanulatus	252
Entada phaseoloides	254
Epipremnum aureum	256
Equisetum hyemale	258
Erica gracilis	260
Eriobotrya japonica	262

Eucalyptus calophylla	264
Eucalyptus cinerea	266
Eucalyptus dives	268
Eucalyptus globulus	270
Eucalyptus gunnii	272
Eucalyptus nicholii	274
Eucalyptus parvula	276
Eucalyptus polyanthemos	278
Eucalyptus spp.	280
Eucalyptus spp.	282
Euonymus alatus	284-288
Euonymus japonicus	290-292
Euonymus japonicus 'Green Spire'	294
Euonymus japonicus 'Happiness'	296
Euonymus japonicus 'Ovatus Aureus'	398
Euphorbia acanthothamnos	300
Euphorbia marginata	302
Euphorbia spinosa	304

F

Fatshedera lizei	306
Fatsia japonica	308-310
Forsythia koreana	312-314

G

Galax urceolata	316-317
Gardenia jasminoides	318
Gardenia jasminoides 'Fortuniana'	320
Gaultheria shallon	322
Gleichenia dicarpa	324
Gomphocarpus physocarpus	326
Gossypium indicum	328
Grevillea 'Gold Baileyana'	330
Grevillea 'Spider Man'	332-336
Grevillea aspleniifolia	338
Grevillea hookeriana	340-342
Grevillea 'Ivanhoe'	344
Guzmania lingulata	346

H

Hedera helix	348-354
Hedera helix 'Sagittifolia'	356

Hedera rhombea 358
Helichrysum petiolare 360
Heuchera cv. 362
Hordeum jubatum 364
Hordeum vulgare 366
Hosta spp. 368
Humulus lupulus 370
Hydrangea macrophylla 372
Hydrangea paniculata 374
Hydrangea serrata for. acuminata 376
Hypericum androsaemum cv. 378
Hypnum plumaeforme 380
Hypogymnia physodes 382

I
Ilex cornuta 384
Ilex rotunda 386
Ilex verticillata 388

J
Jacobaea maritima 390
Jasminum humile 392-394
Jasminum polyanthum 396
Juncus effusus 398
Juniperus chinensis var. 'Kaizuka' 400

K
Kalopanax septemlobus 402
Koelreuteria paniculata 404

L
Lagurus ovatus 406
Laminaria cloustonii 408
Larix kaempferi 410
Lathyrus latifolius 412
Lepidium apetalum 414
Leucobryum glaucum 416
Leucothoe walteri 'Rainbow' 418
Ligustrum japonicum 420-422
Ligustrum obtusifolium 424
Ligustrum × vicaryi 426
Lindera glauca 428

Lindera obtusiloba ·· 430
Litsea japonica ······································ 432–434
Lophomyrtus × ralphii ································· 436
Lunaria annua ·· 438

M
Magnolia denudata ······································ 440
Magnolia grandiflora ···································· 442
Magnolia liliiflora ······································· 444
Maireana sedifolia ······································· 446
Malus domestica 'Maypole' ····························· 448
Malus halliana ·· 450
Malus species ·· 452
Melaleuca bracteata 'Revolution Gold' ··············· 454
Melilotus suaveolens ···································· 456
Mentha suaveolens ······································ 458
Miscanthus sinensis ····································· 460
Monstera deliciosa ······································ 462
Morus bombycis ·· 464
Muhlenbergia capillaris ································· 466
Mukdenia rossii ·· 468
Myrica gale ·· 470
Myrica rubra ·· 472
Myrtus communis ·· 474

N
Nandina domestica ································ 476–480
Nebelia fracanoides ····································· 482
Nelumbo nucifera ·································· 484–487
Nephrolepis cordifolia 'Duffii' ························· 488
Nephrolepis exaltata ···································· 489
Nerium oleander ··· 490

O
Olea europaea ·· 492
Ophiopogon jaburan ····································· 494
Ophiopogon jaburan 'Vittatus' ························· 496
Osmanthus heterophyllus ······························ 498
Osmunda regalis ··· 500

P
Pachysandra terminalis ································· 502

- Panicum capillare ····· 504
- Papaver somniferum ····· 506
- Paranomus sceptrum-gustavianus ····· 508
- Pelargonium spp. ····· 510
- Pennisetum alopecuroides ····· 512
- Persicaria hydropiper ····· 514
- Persoonia longifolia ····· 516
- Persoonia virgata ····· 518
- phalaris canariensis ····· 520
- Phaseolus vulgaris 'Borlotto Rosso' ····· 522
- Philadelphus schrenckii ····· 524
- Philodendron bipinnatifidum ····· 526
- Philodendron 'Congo' ····· 528-529
- Philodendron 'Fun Bun' ····· 530
- Philodendron 'Xanadu' ····· 532
- Phlebodium 'Blue star' ····· 534
- Phoenix roebelenii ····· 536
- Phormium tenax ····· 538-540
- Photinia glabra ····· 542-544
- Phylica ericoides ····· 546
- Phyllostachys bambusoides ····· 548
- Physalis alkekengi ····· 550-552
- Physocarpus intermedius ····· 554
- Physocarpus opulifolius ····· 556
- Phytolacca americana ····· 558
- Pieris japonica ····· 560-562
- Pinus densiflora ····· 564
- Pinus parviflora ····· 566
- Pinus thunbergii ····· 568
- Pistacia lentiscus ····· 570
- Pittosporum 'O'brien' ····· 572
- Pittosporum ralphii ····· 574
- Pittosporum tenuifolium ····· 576
- Pittosporum tenuifolium 'Tasman ruffles' ····· 578
- Pittosporum tobira ····· 580-582
- Podocarpus macrophyllus ····· 584
- Polygonatum odoratum var. pluriflorum ····· 586
- Polygonatum odoratum var. pluriflorum 'Variegatum' ····· 588
- Polygonatum stenophyllum ····· 590
- Poncirus trifoliata ····· 592
- Protea cordata ····· 594
- Prunus armeniaca ····· 596

Prunus glandulosa for. albiplena ··················· 598
Prunus mume ·· 600
Prunus persica ··· 602
Prunus persica for. rubroplena ···················· 604
Prunus salicina ··· 606
Prunus sargentii ··· 608
Prunus serrulata ··· 610
Prunus serrulata 'Shiro-fugen' ···················· 612
Prunus spinosa ··· 614
Prunus triloba var. truncata ························ 616
Pseudotsuga menziesii ································· 618
Pyracantha angustifolia ······························· 620
Pyrus pyrifolia var. culta ····························· 622

Q
Quercus dentata ··· 624

R
Raphiolepis indica var. umbellata ··············· 626-628
Retama monosperma ···································· 630-632
Reynoutria japonica ····································· 634
Rhododendron indicum ································ 636-638
Rhododendron mucronulatum ···················· 640-642
Rhododendron schlippenbachii ··················· 644
Ricinus communis ·· 646
Rosa hybrida ·· 648-649
Rosa multiflora ··· 650-652
Rosa smeralda ·· 654
Rosmarinus officinalis ·································· 656
Rubus fruticosus ··· 658
Rubus fruticosus 'Chester' ··························· 660
Rubus hayata-koidzumii ······························ 662
Rumohra adiantiformis ································ 664
Ruscus hypophyllum ···································· 666

S
Salix chaenomeloides ··································· 668-670
Salix gracilistyla ··· 672
Salix integra 'Hakuro-nishiki' ····················· 674
Salix koreensis ··· 676
Salix matsudana for. tortuosa ···················· 678-680
Salix pseudolasiogyne ·································· 682

Salix udensis 'Sekka'	684
Sarcandra glabra (Thunb.) Nakai	686
Setaria italica	688
Setaria viridis	690
Skimmia japonica	692-694
Smilax china	696-698
Solanum aethiopicum	700
Solanum mammosum	702
Solanum viarum	704
Sorbaria sorbifolia	706
Sorbus alnifolia	708-714
Sorbus commixta	716-720
Sorghum bicolor	722
Spiraea cantoniensis	724
Spiraea japonica	726-728
Spiraea prunifolia	730
Spiraea prunifolia for. simpliciflora	732-738
Spiraea prunifolia Sieb. et Zucc.	740
Stachys byzantina	742
Sticherus flabellatus	744
Strelitzia reginae	746-747
Symphoricarpos albus	748
Symphoricarpos orbiculatus	750
Symplocos chinensis for. pilosa	752
Syringa vulgaris	754-756

T

Tamarix chinensis	758
Taxus cuspidata	760
Thlaspi arvense	762
Thryptomene calycina	764-766
Thuja occidentalis	768
Thuja occidentalis 'Emerald Gold'	770
Trachycarpus wagnerianus	772
Typha minima	774
Typha orientalis	775-776

V

Vaccinium myrtillus	778
Vaccinium oldhamii	780
Vaccinium ovatum	782
Vaccinium parvifolium	784

Vaccinium spp. ······················· 786
Viburnum dilatatum ······················· 788
Viburnum odoratissimum var. awabuki ················ 790
Viburnum opulus ······················· 792
Viburnum tinus ······················· 794-796
Viscum album ······················· 798
Vitis coignetiae ······················· 800
Vitis vinifera ······················· 802

W
Weigela subsessilis ······················· 804

X
Xanthorrhoea preissii ······················· 806
Xerophyllum tenax ······················· 808

Z
Zelkova serrata ······················· 810

ㄱ

가막살나무	788
가시자두 스피노사	614
가이즈까향나무	400
갈락스	316-317
감태나무	428
강아지풀	690
개나리	312
개나리(잎)	314
개쉬땅나무	706
갯버들	672
겨우살이	798
겹벚나무 시로 부겐	612
겹치자나무	320
고광나무	524
고로쇠나무	48
고수골풀	398
고수버들/용버들	678-680
골든와틀리 아카시아	44
곰솔(해송)	568
공조팝나무	724
관상호박	210
광나무	420-422
구골나무	498
구상나무	20
구실잣밤나무	148
구즈마니아	346
굴거리나무	224
귀리	100
그레빌레아 골드 베일리에아나	330
그레빌레아 스파이더 맨	332-334
그레빌레아 스파이더 맨(잎)	336
그레빌레아 아스플레니폴리아	338
그레빌레아 아이반호	344
그레빌레아 후커리아나	340-342
극락조화(건조화)	747
극락조화(잎)	746
까마귀쪽나무	432
까마귀쪽나무(열매)	434
꽃댕강나무	12
꽃사과나무(서부해당화)	450
꽃양배추	112
꽈리	550-552

ㄴ

- 나무수국 · 374
- 나한송 · 584
- 남천 · 476
- 남천(단풍) · 478
- 남천(열매) · 480
- 노랑말채나무 플라비라메아 · · · · · · · · · · · · · · · · · · · 196
- 노랑혹가지 · 702
- 노린재나무 · 752
- 노박덩굴(성숙 전의 열매) · 154
- 노박덩굴(성숙 후의 열매) · 156
- 뉴 필로덴드론 셀렘 · 532
- 느티나무 · 810
- 능수버들 · 682

ㄷ

- 다나이 · 220
- 다닥냉이 · 414
- 다래 · 50
- 다정큼나무 · 626
- 다정큼나무(열매) · 628
- 당종려 · 772
- 대만 딸기 · 662
- 더피 · 488
- 덩굴 강낭콩 · 522
- 데니스보덴 아카시아 · 26
- 도깨비쇠고비(홀리펀) · 216
- 돈나무(꽃) · 582
- 돈나무(잎) · 580
- 돌단풍 · 468
- 돌부채 · 102
- 동백나무 · 138
- 둥굴레 · 586
- 드라세나 개운죽 · 244
- 드라세나 레인보우 · 240
- 드라세나 송 오브 인디아 · 242
- 드라세나 와네끼 · 238
- 드라세나 자비타 · 236
- 등대꽃나무 · 252
- 디얼바타 아카시아 · 38-40
- 디플로시클로스 · 234
- 떡갈나무 · 624
- 뜰보리수 · 248

ㄹ

- 라미나리아 · 408
- 라일락 · 754-756
- 램스이어 · 742
- 레나우트리아(호장근) · 634
- 레몬잎 · 322
- 레우코토이 · 418
- 레인보우 펀 · 136
- 로즈마리 · 656
- 로포미르투스 · 436
- 루나리아 · 438
- 루모라 고사리 · 664
- 루스커스 · 666

ㅁ

- 마가목 · 716-720
- 마늘(꽃줄기) · 58
- 마취목 · 560
- 만첩조팝나무 · 730, 740
- 만첩홍도 · 604
- 말냉이 · 762
- 매실나무 · 600
- 맥문아재비 · 494
- 맥문아재비 비타투스 · 496
- 머루 · 800
- 머틀 · 470
- 먼나무 · 386
- 메이폴사과 · 448
- 멜라루카 골드 · 454
- 명자나무(산당화) · 160-162
- 모감주나무 · 404
- 목화 · 328
- 몬스테라 · 462
- 무늬 자금우 · 72
- 무늬개키버들 · 674
- 무늬둥굴레 · 588
- 문라이트 아카시아 · 24
- 미국낙상홍 · 388
- 미국자리공 · 558
- 미선나무 · 14
- 미송(더글러스 전나무) · 618

ㅂ

- 바칼리쥐똥나무(황금쥐똥나무) · 426
- 발풀고사리 · 230

배나무	622
백목련	440
백묘국	390
버질리아	104
버질리아 라누지노사	106
벚나무	610
베어그라스	808
병꽃나무	804
병솔나무	132
보리	366
보스턴고사리	489
복사나무	602
부들	775
부들(잎)	776
불두화	792
브루니아	114-120
브리비 파인	134
블랙 브리오니	232
블랙베리	658-660
블루베리	786
비비추	368
비파나무	262

ㅅ

사과	452
사방오리	60
사철나무	290
사철나무 그린 스파이어(탑사철나무)	294
사철나무 오바투스 아루레우스	298
사철나무 해피니스	296
사철나무(열매)	292
사파이어부쉬	518
산딸나무	190
산벚나무	608
산뽕나무	464
산수국	376
산수유(꽃)	192
산수유(열매)	194
산조풀	126
산호수	74
살구	596
삼각잎 아카시아	36
삼나무	206
삼나무(스기나무)	208
삼지닥나무(수피를 벗긴 가지)	246

생강나무	430
서향	222
석화버들	684
설악초	302
섬잣나무(오엽송)	566
소귀나무	472
소나무(적송)	564
소철	212
속새(마디초)	258
송악	358
수국	372
수수	722
수크령	512
수호초	502
스위트피(종자)	412
스키미아	692-694
스킨답서스	256
스틸그라스	806
심포리카르포스	748
심포리카르포스 코랄베리	750

ㅇ

아로니아	76
아로니아 멜라노카파	78
아스파라거스 미리오클라두스	90
아스파라거스 미에르시	88
아스파라거스 스프렌게리	84
아스파라거스 아스파라고이데스	86
아스파라거스 아쿠티폴리우스	82
아스파라거스 플루모수스	92
아왜나무	790
아이비	348-356
안개나무	202
안개나무 벨벳 클로크	204
안스리움(잎)	68-69
안스리움 르네상스	70
알로카시아 마크로리조스	64
알로카시아 아마조니카	62
애기말발도리	228
애기부들	774
애플민트	458
양골담초	218
양국수나무	556
양귀비	506
어저귀	22

억새	460
엄브렐라 펀	744
에리카	260
에메랄드골드 측백	770
에뮤페다	152
에우프로비아	300
에우프로비아 스피노자	304
엔타다	254
엘리기어	250
여뀌	514
여우꼬리보리	364
연꽃(꽃받침통)	486
연꽃(열매 및 꽃받침통)	484
연잎	487
엽란	94
엽란 루리다	96
엽란 아사히	95
영산홍 베니	636
영산홍 베니(잎)	638
오크라	16
옥매	598
올리브나무	492
왕골	214
왕관 고사리	500
왕대	548
왕도깨비가지	704
왕버들	668-670
우산사초 스파클러	146
울리부쉬	52-54
월계분꽃나무	794
월계분꽃나무(열매)	796
위성류	758
유럽블루베리	778
유채(종자)	110
유칼립투스	280-282
유칼립투스 구니	272
유칼립투스 그로부루스	270
유칼립투스 니콜리	274
유칼립투스 다이베스	268
유칼립투스 마리	264
유칼립투스 시네리아	266
유칼립투스 파블로	276
유칼립투스 폴리	278
으름덩굴	56

은매화	474
은엽 아카시아(꽃)	32
은엽 아카시아(잎)	34
음나무	402
이탈리아 천남성	80
이탈리안 자스민	392
이탈리안 자스민(잎)	394
일본백조팝나무	726
일본잎갈나무(낙엽송)	410
일본홍조팝나무	728
잎새란	538-540

ㅈ

자두나무	606
자목련	444
자작나무	108
장미(열매)	648-649
장미(줄기)	654
전나무	18
전동싸리	456
정금나무	780
제니스타	630-632
제라늄	510
조	688
조팝나무	732-734
조팝나무(단풍)	738
조팝나무(잎)	736
좀작살나무	130
주목	760
죽절초	686
중산국수나무	554
쥐똥나무	424
진달래	640-642
찔레	650-652

ㅊ

참당귀	66
철쭉	644
청미래덩굴	696-698
측백나무	768
층층나무	188
층층둥굴레	590
치자나무	318

ㅋ

카나리갈풀(필라리스)	520
카스만티움	172
칼라디움	124
칼라테아(인시그니스)	128
캘리포니아 허클베리	782
코랄펀	324
코르딜리네 아이치아카	184
코르딜리네 엑소티카	182
코르딜리네 콤팍타	180
코릴루스	200
코알라 펀	150
코치아	446
크로톤	178
크리스마스 부쉬	158
클러스터 스타	482
클레마티스 비탈바	174-176

ㅌ

태산목	442
탱자나무	592
터너 아카시아	28-30
털깃털이끼	380
토끼꼬리풀(라그라스)	406
트립토메네	764-766

ㅍ

파니쿰 캐필라레	504
파라노무스	508
파초일엽, 아스플레니움	98
팔손이	308-310
팜파스 그라스	198
팥배나무(꽃)	710
팥배나무(성숙 전의 열매)	712
팥배나무(성숙 후의 열매)	714
팥배나무(잎, 꽃눈)	708
팻츠헤데라	306
페르소니아	516
페이조아	46
페티오라레	360
편백	164
포도나무	802
풀또기(홍옥매)	616
풍선덩굴	144
풍선초	326

프로테아 코다타	594
플레보디움	534
플로리분다 아카시아	42
피닉스야자	536
피라칸사스	620
피마자(아주까리)	646
피스타키아	570
피에리스	562
피토스포룸 랄피	574
피토스포룸 오브라이언	572
피토스포룸 타스만 루플리스	578
피토스포룸 테뉴폴리움	576
필로덴드로 펀번	530
필로덴드론 셀렘	526
필로덴드론 콩고	528-529
필리카	546
핑크뮬리	466

ㅎ

학자스민	396
허클베리	784
협죽도(유도화)	490
호랑가시나무	384
홉	370
홍가시나무	542
홍가시나무(신초)	544
홍버들	676
화백 블루버드	168
화백나무 스쿠아로사(서리화백)	170
화살나무(가지의 코르크질 날개)	288
화살나무(녹색 잎)	284
화살나무(초기 단풍)	286
화초고추(꽃고추)	140-143
화초토마토	700
황금공작편백	166
황칠나무	226
회양목	122
휴케라	362
흰말채나무	186
흰털이끼	416
히페리쿰	378
히포김니아	382

시장명

이름	페이지
갈잎나무	428
겹설유화	730
겹조팝나무	740
곱슬버들	678
구름비나무	432-434
그린후크	782
금보수	132
금사철나무	296
깃버들	672
까치밥나무	154-156
나비수국	372, 376
너도밤나무	708-714
노무라	664
다정금	626-628
담쟁이	358
대국도	98
대나무	548
랭기로사	106
레나인센스	70
레드베리	750
레드후크	784
레몬트리	794-796
루스커스 신종	220
마늘종	58
명자란	588
모르세나	180
무늬 호엽란	496
미르투스	474
미선나무	12
밍크버들	670
벙커부쉬	516
복숭아나무	602
비단이끼	416
비단향나무	170
빌베리	778
산동백	430
산호수	790
새우느티나무	470
서귀나무	472
선태	380
설유화	732
수박가지	704
스노우베리	748
스마일락스	86
신지매	706
실버아이비	360
쓰립토메인	764-766
애니시다	218
애정목	420-422
여우얼굴	702
연밥	484-486
영춘화	392-394
오리나무	60
오색버드나무	674
오손이	306
옥잠화	368
용수초	398
유니폴라	172
유칼립투스 볼	282
유칼립투스 블랙잭	280
유코스에	418
은사철나무	298
이란 곱슬버들	680
잎설유화	736-738
장녹수	558
적말채	186
제밥나무	148
천남성 열매	80
천냥금	686
천리향	222, 580-582
청사철나무	290
청지목	424
초코베리	78
크리스탈	182
파인애플 구아바	46
호랑가시나무	498
호엽란	494
홍매	616
홍매화	604
홍설유화	734
홍죽	184
홍화	436
화이트벨	228
황금조팝나무	556
황정	590

I AM A
FLORIST
CUT GREEN

지은이	박진두
감 수	김완순 시립대학교 환경원예학과 교수
	박석곤 국립순천대학교 산림자원 · 조경학부 교수
펴낸이	박진두
펴낸곳	JINDU
	postmails@naver.com

디자인 및 제작 SAY(세이)
　　　　　　　T. 031.791.1522 / sayflory.co.kr

인쇄 2024년 8월 19일
발행 2024년 8월 26일

ISBN 979-11-969358-1-8 16480

저자와 출판사의 허락 없이 내용의 일부를
인용하거나 발췌하는 것을 금합니다.

가격은 뒷표지에 있습니다.
잘못 만들어진 책은 바꿔드립니다.